AF460919

ENTRETIENS
SUR
L'ART DE REGNER,
DIVISÉS
EN
CINQ SOIRÉES.

1766.

PREMIÈRE SOIRÉE.

Origine de notre Maison.

DANS le tems des desordres & de la confusion, ont vit s'élever au milieu des Nations Barbares un commencement de souveraineté nouvelle. Les Gouverneurs des diffèrents païs sécouërent le joug: & bientot assez puissans pour se faire craindre de leurs maîtres, ils obtinrent des privilèges; ou pour mieux dire, par la forme d'un genouil à terre, ils emportèrent le fond.

Dans le nombre de ces audacieux, il y en a eu plusieurs, qui ont jetté les fondemens des plus grandes Monarchies: & peut être même à bien compter, tous les Empereurs, Rois & Princes Souverains, leur doivent leur Etat. Pour nous, nous sommes à coup sur dans ce cas.

Vous rougissez? allez, je vous le pardonne, mais ne vous avisez plus de faire l'enfant; & sachez pour toujours qu'en fait de Royaume, l'on prend quand on peut, & l'on n'a jamais tort que quand on est obligé de rendre.

Le premier de nos Ancêtres, qui acquit le droit de Souveraineté, fut *Tassillon*, Comte de *Hohenzollern*. Le treizième de ses descendans, fut *Burg-Grave* de *Nurenberg*. Le 25. fut Electeur de *Brandenbourg*, & le 37. fut Roi de *Prusse*.

Notre Maison a eu, ainsi que les autres, ses

 Achil-

Achilles, ses *Cicerons*, ses *Nestors*, ses *Imbéciles* & ses *Fainéans*, ses *Femmes savantes*, ses *Maratres*, & à coup sur ses *Femmes galantes*. Elle s'est enfin agrandie par ces droits qu'on ne connoit que chez les Princes heureux, que sont les plus forts; car l'on voit dans l'ordre de nos successions ceux de convenance, d'expectative, & de protection. Depuis *Tassillon* jusqu'au grand Electeur, nous n'avons fait que végeter.

Nous avions dans l'Empire cinquante Princes, qui ne nous cédoient en rien: Et à proprement parler, nous n'étions qu'une branche du grand lustre *d'Allemagne*. *Guillaume* le grand par ses actions éclatantes, nous tira du pair, & enfin en 1701. (celà n'est pas bien vieux) la vanité mit sur la tête de mon Grand Pere une Couronne: & c'est à cette époque, que nous pouvons rapporter notre véritable consistance, puis qu'elle nous mit dans le cas de le disputer aux Rois, & de traiter en égal avec toutes les Puissances du monde. Si nous comptons les vertus de nos Ancêtres, nous verrons aisément, que ce n'est point à ces avantages, que notre Maison doit son agrandissement Nous avons eu la plus grande partie de nos Princes qui se sont mal conduits; mais c'est le hasard & les circonstances, qui nous ont bien servi. Je vous ferai encore observer, que notre premier diadême s'est posé sur une tête des plus vaines & des plus legeres, & sur un corps tortu & bossu. Je vois bien, mon cher Neveu, que je vous laisse dans l'embarras sur notre origine. On prétend que ce Comte de *Hohenzollern* étoit d'une grande Maison; mais dans le fond personne ne s'est poussé avec moins de titres. Au reste, il y a assez de tems que nous sommes très bons Gentils-hommes; ainsi tenons nous en là.

De

De la position de mon Royaume.

Je ne suis pas des plus heureux de ce côté là. Pour vous en convaincre, jettez les yeux sur la Carte & vous verrez que la plus grande partie de mes Etats est divisée de façon à ne pouvoir se donner des sécours mutuels. Je n'ai pas de grandes rivieres qui traversent mes Etats. Quelques unes les cotoïent, mais peu les entrecoupent.

Du sol de mes Etats.

Un grand tiers de mes Etats est en friche, un autre tiers est en bois, rivieres & marais. Le tiers qui est cultivé, ne raporte ni vin, ni oliviers, ni meuriers. Les fruits & legumes n'y viennent qu'à force des soins; mais fort peu au véritable point de perfection. J'ai seulement des Cantons, où le seigle & le froment ont quelque reputation.

Des Mœurs des Habitans.

Je ne saurai rien fixer sur ce point, parce que mes Etats sont des pieces raportées. Tout ce que je puis vous dire d'assez certain, c'est qu'en général tous mes sujets sont braves & durs, peu friands, mais yvrognes; tyrans dans leurs terres, mais esclaves à mon service: Amans insipides, maris bourrus; d'un grand sang froid que je tiens au fond pour bétise; Savans dans le droit, peu Philosophes, moins Orateurs, & encore moins Poëtes; affectant une grande simplicité dans la parure; mais se tenant pour bien mis avec une petite bourse aux cheveux, un grand chapeau, des manchettes d'une aune, des bottes jusqu'à la ceinture, une petite canne, un habit très court, & une veste fort longue. Pour les femmes, elles sont toujours grosses ou nourices.

Elles ſont d'une grande douceur, aiment leur ménage, & aſſez fideles à leurs maris. Quand aux filles, elles jouiſſent du préjugé à la mode. J'en ſuis ſi peu faché, que j'ai cherché à excuſer leurs foibleſſes dans mes mémoires. Il faut bien mettre ces créatures à leur aiſe pour éviter qu'elles n'aprennent une tactique qui les feroit manœuvrer en ſureté: ce qui cauſeroit un grand préjudice à l'Etat: & même pour mieux les encourager, j'ai ſoin de donner dans mes Regimens la préference aux fruits de leurs amours, & s'il doit le jour à un Officier, je le fais Porte-Enſeigne & ſouvent Officier avant ſon tour.

SECONDE SOIRÉE.

De la Religion.

LA Religion eſt abſolument neceſſaire dans un Etat. C'eſt une maxime qu'il ſeroit fou de vouloir diſputer. Un Roi eſt mal-adroit, quand il permet que ſes ſujets en abuſent; mais auſſi un Roi n'eſt pas ſage d'en avoir. Ecoutez bien ceci, mon cher Neveu; il n'y a rien qui tyranniſe tant l'esprit & le cœur que la Religion parce qu'elle ne s'accorde ni avec nos paſſions, ni avec les grandes vues politiques qu'un Monarque doit avoir. Si l'on craint Dieu, ou, pour mieux dire l'enfer, on devient Capucin. Eſt-il queſtion de profiter d'un moment favorable, pour s'emparer d'une Province voiſine, une armée de diables ſe préſente à nos yeux pour la défendre: Nous ſommes aſſez foibles pour croire que c'eſt une injuſtice & nous proportionnons nous même le châtiment à notre crime. Voulons nous faire un traité avec quelque Puiſſance, ſi nous nous ſouvenons ſeulement que nous ſommes Chrêtiens,

tiens, tout eſt perdu, nous ſerons toujours dupés. Pour la guerre, c'eſt un métier, où le plus petit ſcrupule gâteroit tout. En effet, quel eſt l'honnête homme qui voudroit la faire, ſi l'on n'avoit pas le droit de faire des régles, qui permettent le pillage, le feu, & le carnage? Je ne dis pourtant pas qu'il faille afficher l'impieté & l'athéisme; mais il faut penſer ſelon le rang qu'on occupe. Tous les Papes qui ont eu le ſens commun, ont eu des ſyſtêmes d'agrandiſſement. Et ce ſeroit le comble de la folie, ſi un Prince s'attachoit à de petites miſères qui ne ſont faites que pour le peuple. D'ailleurs le meilleur moyen d'écarter le fanatisme de ſes Etats, eſt d'être de la plus belle indifférence ſur la Religion. Croyez moi, mon cher Neveu, la ſainte Mere a ſes petits caprices comme un autre. Attachez vous donc à être Philoſophe ſur ce point, vous verrés, qu'il n'y aura dans votre Royaume aucune diſpute de conſéquence ſur cet objet; car les parties ne ſe forment que ſur la foibleſſe du Prince. Une réflexion importante que j'ai à vous faire, c'eſt que vos Ancêtres ont opéré de la façon la plus ſenſée dans cette partie. Ils ont fait une réforme qui leur a donné un air d'Apôtres en rempliſſant leurs bourſes. C'eſt ſans contredit le changement le plus raiſonnable, qui ſoit jamais arrivé dans cette eſpèce; mais puis qu'il n'y a plus rien à gagner & qu'il feroit trop dangereux dans ce moment-ci, de marcher ſur leurs traces, il faut s'en tenir à la tolérance. Retenez bien ce Principe, mon cher Neveu, & dites toujours comme moi. „ *L'on „ prie Dieu dans mon Royaume, comme l'on veut, „ & l'on y f. . . comme l'on peut*". Car pour peu que vous paroiſſiez négliger cette maxime, tout eſt perdu dans vos Etats: & voici pourquoi:

Mon Royaume est composé de plusieurs sectes, dans certaines Provinces les *Réformés* sont en possession de toutes les charges; dans d'autres les *Lutheriens* ont les mêmes avantages; il y en a où les *Catholiques*, dominent au point que le Roi ne peut y envoyer, qu'un ou deux Commissaires protestans. Quant aux *Juifs* se sont de pauvres diables qui n'ont pas dans le fond autant de tort qu'on les dit: ils paient bien, & après tout ils ne dupent que les sots. Comme nos ayeux se firent *Chrêtiens* dans le 9. siecle, pour plaire aux Empereurs; *Lutheriens* dans le 15. pour prendre le bien de l'Eglise; *Reformés* dans le 16. pour plaire aux *Hollandois* à cause de la succession de *Cleves*; Nous pouvons bien nous rendre *Indifferens* pour maintenir la tranquilité dans nos Etats. Mon Pere avoit eu un projet excellent, il avoit engagé le Président *Loen*, à lui faire un petit traité de Religion pour tacher de réunir les trois Sectes & n'en faire qu'une. Le Président parloit mal du Pape, traitoit saint *Joseph* de Bon-homme; prennoit le chien de St. *Roch* par les oreilles & tiroit le cochon de St. *Antoine* par la queüe; il ne croïoit point à la chaste *Susanne*; regardoit St. *Bernard* & St. *Dominique* comme deux Courtisans, & recusoit St. *François de Salle* pour saint. Les onze mille vierges n'avoient pas plus de crédit sur son esprit, que tous les saints & les martyrs de la famille de *Loyola*. Quant aux misteres il convenoit qu'il ne falloit pas vouloir les expliquer, & qu'il falloit mettre du bons sens à tout & ne pas s'en tenir aux mots. A l'égard des *Lutheriens* il en faisoit son point d'appui, il vouloit que les *Catholiques* devinsent un peu infideles à la Cour de *Rome*; mais il demandoit que les *Lutheriens* cessassent d'être si sub-

ſubtils dans la diſpute. Et il prétendoit, que, quelques diſtinctions ôtées, il étoit ſur qu'on les trouveroit très près les uns des autres. Il croïoit qu'on auroit plus de peine à raprocher les *Calviniſtes* parce qu'ils avoient plus de titres que les *Lutheriens*. Il propoſoit cependant un bon expédient ſur la grande difficulté qui étoit de n'avoir que Dieu pour Confident quand on communioit. Il regardoit le Culte des Images, comme une amorce pour le peuple, & il croïoit qu'il falloit à un payſan un ſaint quelconque; pour les Moines il les expulſoit, parce qu'il les conſidéroit comme des ennemis à qui il falloit de fortes contributions: Quant aux Prêtres il leur donnoit leurs Gouvernantes pour femmes: ceci a fait beaucoup de bruit, parce que les bonnes Dames prétendoient qu'elles étoient lézées & que c'étoit un ſacrilege, parce qu'on touchoit aux myſteres. Si cette Brochure avoit été goutée, on auroit fait tous ſes effors pour executer le projet qu'on avoit formé. Pour moi je ne l'ai point abandonné & j'eſpère même vous donner aſſez de facilités pour pouvoir en venir à bout. Voici ce que je fais pour cela: Je tache de faire repandre dans tout ce que l'on écrit, dans mon Royaume, un mépris pour tout ce qui a été Réformateur; & je ne perds pas la plus petite occaſion, pour développer les vues ambitieuſes de la Cour de *Rome*, des Prêtres & des Miniſtres: Peu-à-peu j'accoutume tous mes Sujets à penſer comme moi: & je les détacherai de tous les préjugés.

Mais comme il leur faut un Culte, je ferai paroître, ſi je vis aſſez, quelque homme éloquent qui en préſentera un: d'abord j'aurai l'air de le vouloir perſecuter; mais peu-à-peu je me declarerai ſon defenſeur, & j'embraſſerai avec chaleur ſon ſyſtême. Ce Syſtême, ſi vous voulez que je vous le diſe eſt déja fait. Voltaire a compoſé le Préambule. Il prouve la neceſſité, de ſe deſiſter de tout ce qu'on a dit juſqu'à préſent ſur la Religion, parce qu'on n'eſt d'accord ſur aucun point. Il fait le portrait de chaque chef de Sectes avec une liberté qui reſſemble à la pure vérité. Il a deterré des anecdotes des Papes, des Evêques, des Prêtres, & des Miniſtres, qui repandent une gaïeté ſinguliere ſur ſon Ouvrage, qui eſt écrit avec un Style ſi ſerré, ſi rapide, qu'on n'a pas le tems de réfléchir: & comme un Orateur rempli de l'art le plus ſubtil, il a l'air de la meilleure foi du monde, quand il avance les principes les plus douteux. *D'Allembert* & *Maupertuis* ont formé le canevas. Ils ont calculé avec tant de préciſion qu'on ſeroit tenté de croire qu'ils ont taché de ſe le demontrer à eux mêmes avant que de l'aller demontrer aux autres. *Rouſſeau* travaille depuis 4 ans à prévenir toutes les objections. Je me fais d'avance une fête de mortifier tous ces Monſeigneurs & tous ces Miniſtres empéſés, qui oſeront nous contredire. Il y a déjà une ſuite de cinquante conſequences pour chaque objet de diſpute; & au moins trente réflexions ſur chacun des Articles de l'Ecriture Sainte. Il eſt même préſentement occupé à prouver que tout ce que l'on débite aujourd'hui, n'eſt qu'une fable: qu'il n'y a jamais eu de Paradis terreſtre, & que c'eſt dégrader Dieu que de croire qu'il ait fait pour ſon ſemblable un Franc Nigaud, & pour ſa créature la plus parfaite, une Franche Libertine. Car enfin ajoute-t-il, il n'y a que la longueur de la queüe du Serpent, qui ait pu ſéduire Eve: & dans ce cas, cela procure un deſordre affreux dans l'imagination. Le Marquis

d'Ar-

d'Argens & Mr. *Formey*, ont préparé un Concile. Je dois y présider, mais sans prétendre que le St. Esprit me donne un grain de lumiere plus qu'aux autres. Il n'y aura qu'un Ministre de chaque Religion; & quatre députés de chaque Province, dont deux de la Noblesse, & deux du tiers état. Tout le reste des Prêtres, Moines & Ministres en général en seront exclus, comme gens intéressés à la chose. Et pour que le St. Esprit paroisse mieux présider à cette assemblée, on conviendra de décider tout bonnement suivant le sens commun.

TROISIÈME SOIRÉE.

De la Justice.

NOUS devons à nos Sujets la Justice, comme ils nous doivent le respect. C'est une chose convenue, mais il faut bien prendre garde de nous laisser subjuguer par elle. Représentons nous la, mon cher Neveu, conduisant *Charles* sur l'échaffaut. Je suis né trop ambitieux pour vouloir quelque ordre dans mes Etats qui me gène: & c'est uniquement ce sentiment qui m'a obligé à faire un nouveau Code. Je sai bien que j'ai mis la bonne Dame en Pet-en l'air, mais je craignois ses yeux parceque je connois le poid qu'elle a parmi le peuple; & je savois que les Princes adroits, en satisfaisant leur ambition, peuvent souvent se faire adorer. La plus grande partie de mes Sujets à cru que j'avois été touché des malheurs, qu'entraine après elle la chicane. Hélas! Je vous l'avoue, & j'en rougis, que bien loin de l'avoir en vue, je regrette les petits avantages qu'elle me procuroit, car les droits établis sur la procedure & sur le papier tim-

timbré, ont diminué mon revenu de pres de 500 mille Livres. Ne vous laissés point éblouir, mon cher Neveu, par le mot de Justice. C'est un mot qui a différens raports & qui peut être expliqué de différentes manières. Voici le sens que je lui donne: La Justice est l'Image de Dieu, qui peut donc atteindre à une si haute perfection? N'est on pas même raisonnable, quand on se desiste du projet insensé de la posseder entièrement? Voïez tous les Païs du monde & examinez bien si on la rend de la même façon dans deux Royaumes? Consultez après cela les principes qui conduisent les hommes & voïez s'ils s'accordent? Qu'y a-t-il donc d'extraordinaire que chacun veuille être juste à sa manière?

Quand j'ai voulu jetter les yeux sur tous les Tribunaux de mon Royaume, j'ai trouvé une armée immense de Légistes tous censés honnêtes gens, mais tous soupçonnés de l'être fort peu. Chaque Tribunal avoit son Superieur; moi-même j'avois le mien; car on formoit oposition aux Jugemens rendus par mon Conseil. Je ne m'en fachois pas, parceque c'étoit un usage. En examinant les progrès que la Justice faisoit dans mes Etats, je fus effraïé de voir que dans un Siecle, la dixième partie de mes Sujets seroit enrôlée sous ses drapeaux. Et en calculant ce qu'il falloit pour faire vivre ces Légions, je tremblai quand je vis que la dixième partie des revenus de mon Royaume passeroit entre leurs mains. Mais ce qui me donnoit le plus d'inquiètude, étoit cette marche sure & constante qu'ont les gens de Loix; cet esprit de liberté inséparable de leurs principes; & cette façon adroite de conserver tous leurs avantages & d'écraser leurs ennemis par les apparences de l'équité la plus sévère. Je repassois dans ma mémoire tous ces ac-

actes pleins de vigueur, mais souvent bien bisarres du Parlement *d'Angleterre* & de celui de *Paris*. J'étois quelquefois bien honteux pour la Majesté du Trône. C'est au milieu de toutes ces réflexions que je me décidai à saper les fondemens de cette grande puissance: & ce n'est qu'en la simplifiant le plus que j'ai pu, que je l'ai réduite au point où je l'a demandois. Vous serez peut-être surpris Mon Cher Neveu, que des gens qui ne parlent jamais qu'avec respect de la Personne Sacrée du Roi, soient les seuls en état de lui faire la Loi. C'est précisément par ces raisons mêmes qu'il ne leur est pas difficile d'arrêter notre puissance. On ne sauroit les soupçonner d'user de violence puis qu'ils n'ont point d'armes; ni de manquer de respect puisqu'ils nous parlent toujours avec la plus grande décence: & nos Sujets sont bien vite entrainés par cette éloquence ferme qui ne semble se produire que pour leur bonheur & pour notre gloire. J'ai souvent réflêchi sur les avantages que procure à un Royaume un Corps qui représente la Nation & qui est dépositaire des Loix. Je crois même qu'un Roi est plus sur de sa Couronne, mais qu'il faut être homme de bien & rempli de bons principes pour permettre qu'on pése tous les jours nos actions. Quand on a de l'ambition, il faut y renoncer. Je n'aurois jamais rien fait, si j'avois été gêné: Peut-être passerois-je pour un Roi juste: mais on me refuseroit le titre de Héros.

QUATRIÈME SOIRÉE.

De la Politique.

COMME parmi les hommes on est convenu que de duper son semblable, étoit une action lache & criminelle, on a été obligé de chercher un terme qui adoucit la chose : & c'est le mot de politique, qu'on a choisi. Insensiblement ce mot n'a été employé que pour les Souverains, parceque décemment on ne peut pas nous traiter de *Coquins* ni de *Fripons*. Quoiqu'il en soit, voici ce que je pense sur la Politique.

J'entends, Mon Cher Neveu, par le mot Politique, *qu'il faut toujours chercher à duper les autres :* C'est le moyen non pas d'avoir de l'avantage mais de se trouver au pair. Car soïez bien persuadé, que tous les Etats du monde courent la même carriere : Or, ce principe posé, ne rougissez pas de faire des alliances dans la vue d'en tirer vous tout seul, l'avantage. Ne faites pas la faute grossière de ne pas les abandonner, quand vous croirez qu'il y va de votre intérêt; & surtout soutenez vivement cette maxime, *que dépouiller ses voisins, c'est leur ôter les moïens de nous nuire.* La Politique, à proprement parler, construit & conserve les Royaumes : ainsi, mon cher Neveu, il la faut bien entendre & la faire agir dans le grand. Pour cet effet nous allons la diviser en politique d'Etat, & en politique particuliere. La première ne regarde que les grands Intérêts du Royaume, & la seconde les Intérêts particuliers.

De la Politique particulière.

Un Prince ne doit jamais se montrer que des bons côtés : & c'est à quoi il faut vous apliquer serieusement. Quand j'étois Prince royal, j'étois fort peu militaire, j'aimois mes comodités, la bonne chere, le vin, & j'étois à deux mains pour l'amour. Quand je fus Roi, je parus Soldat, Philosophe, & Poëte. Je couchai sur la paille, je mangeai du pain de munition à la tête de mon Camp : Je buvois fort peu devant mes Sujets, & je parus mépriser les femmes. Voici com-

comment je me conduis dans toutes mes actions.

Dans mes voyages je marche toujours ſans gardes & je vais nuit & jour. Ma ſuite eſt très peu nombreuſe mais bien choiſie; ma voiture eſt toute unie: elle eſt en revanche bien ſuſpendue, & j'y dors auſſi bien que dans mon lit. Je parois faire peu d'attention à la façon de vivre, un Laquai, un Cuiſinier font tout l'équipage de ma bouche. J'ordonne moi même mon diner, ce n'eſt pas ce que je fais de plus mal, parceque je connois le païs, & que je demande, ſoit en gibier, ſoit en poiſſons, ou en viande de boucherie ce qu'il produit de meilleur. Quand j'arrive dans un endroit, j'ai toujours l'air fatigué & je me montre au peuple avec un mauvais ſurtout & une perruque mal peignée. Ce ſont des riens qui font ſouvent une impreſſion ſinguliere. Je donne audience à tout le monde, excepté aux Prêtres, Miniſtres & Moines. Comme ces Meſſieurs ſont accoutumés à parler de loin, je les écoute de ma fenêtre & un Page les reçoit & leur fait mon compliment à la porte. Dans tout ce que je fais, j'ai toujours l'air de ne penſer qu'au bonheur de mes Sujets. Je fais des queſtions aux Nobles, aux Bourgeois, aux Artiſans; & j'entre avec eux dans les plus petits détails. Vous avez entendu, ainſi que moi, mon cher Neveu, les propos flatteurs de ces bonnes gens. Rapellez vous celui qui diſoit, qu'il falloit que je fuſſe bien bon pour me donner autant de peine après avoir fait une guerre auſſi pènible & auſſi longue; & ſouvenez vous de celui qui me plaignoit de tout ſon cœur en voïant mon mauvais ſurtout & les petits plats qu'on ſervoit à ma table. Le pauvre homme ne ſavoit pas que j'avois une bonne veſte deſſous, & croïoit qu'on ne pouvoit pas vivre ſi on n'avoit pas un jambon & un quartier de veau à ſon diner.

A la revue de mes troupes, avant de paſſer un Régiment en revue, j'ai l'attention de lire le nom de tous les officiers & de tous les Sergeans: & je retiens le nom de trois ou quatre avec le nom des Compagnies où ils ſe trouvent. Je me fais informer exactement des petits abus qui ſe commettent par mes Capitaines & je permet à tous les Soldats de ſe plaindre. L'heure de la revue arrivée, je pars de chez moi: bientot la populace m'entoure, je ne permets pas qu'on l'écarte: & je cauſe avec celui qui eſt le plus près de moi, & qui me repond le mieux. Arrivé au Régiment, je le fais manœuvrer, je paſſe doucement dans les rangs & je parle à tous les Capitaines. Lorſque je ſuis vis-à-vis de ceux dont j'ai retenu les noms, je les nomme, ainſi que les Lieutenans & les Sergeans. Cela me donne un air ſingulier de mémoire & de reflexion. Vous avez vu, mon cher Neveu, la façon dont j'humiliai le Major qui donnoit des chemiſes trop courtes à ſa Compagnie. Je fis ſi bien, qu'un des Soldats eut la hardieſſe d'ôter ſa chemiſe de ſa culotte: Si un Régiment manœuvre mal, j'ai une façon de le punir. J'ordonne qu'on faſſe l'exercice quinze jours de plus, & je ne fais manger avec moi aucun officier. S'il manœuvre bien, je fais manger avec moi tous les Capitaines & même quelques Lieutenans. En paſſant ainſi la revue, je connois à fonds mes troupes, & quand je trouve quelque officier qui me repond avec neteté & fermeté, je le mets dans mon Catalogue, afin de m'en ſervir dans l'occaſion.

Juſqu'à preſent tout le monde croit que l'amour ſeul que j'ai pour mes Sujets, m'engage à viſiter mes Etats auſſi ſouvent qu'il m'eſt poſſible. Je laiſſe tout le monde dans cette idée, mais dans le vrai ce motif y entre pour peu. Le fait eſt que je ſuis obligé de le faire, voici pourquoi.

Mon

Mon Royaume eſt deſpotique, par conſéquent celui qui le poſſede, en a ſeul la charge. Si je ne parcourrois mes Etats, les Gouverneurs ſe mettroient à ma place, & peu-à-peu ſe dépouilleroient des principes de l'obéiſſance pour n'adopter que des principes d'indépendance: D'ailleurs comme mes ordres ne peuvent être que fiers & abſolus, ceux qui me repréſentent, prendroient le même ton de la tyrannie. Au lieu qu'en viſitant de tems en tems mon Royaume, je ſuis à portée de connoitre tous les abus que l'on fait du pouvoir que j'ai confié & de faire reſter dans le devoir ceux qui auroient envie de s'en écarter. Ajoutés à ces raiſons celle de faire croire à mes ſujets que je viens dans leurs foyers pour recevoir leurs plaintes & calmer leurs maux.

Dans les belles Lettres.

J'ai fait tout ce que j'ai pu pour me faire une reputation dans les belles Lettres: Et j'ai été plus heureux que le Cardinal de *Richelieu*; car Dieu merci, je paſſe pour Auteur. Mais, entre nous, c'eſt une maudite race que celle des beaux eſprits. C'eſt un peuple inſuportable pour la vanité. Il y a tel Poëte qui refuſeroit mon Royaume, s'il étoit obligé de me ſacrifier deux de ſes beaux vers. Comme c'eſt un métier qui nous éloigne des occupations dignes du Trône, je ne compoſe que quand je n'ai rien de mieux à faire: & pour me donner un peu plus d'aiſance, j'ai à ma Cour quelques beaux Eſprits qui prennent ſoin de rediger mes idées. Vous avés vu avec quelle diſtinction j'ai traité dans le dernier voyage Mr. *d'Alembert*, je l'ai toujours fait manger avec moi & je n'ai fait que le louer. Vous avez vous même paru ſurpris des grandes attentions

tions, que j'avois pour cet Auteur. Vous ne ſavez donc pas que ce Philoſophe eſt écouté à *Paris* comme un Oracle; qu'il ne parle jamais que de mes talens, de mes vertus; & qu'il ſoutient partout que j'ai tous les caracteres d'un véritable Héros & d'un grand Roi. D'ailleurs c'eſt une douceur pour moi de m'entendre louer avec eſprit & délicateſſe : & à vous dire vrai il s'en faut beaucoup que je ſois inſenſible aux louanges. Je ſens bien que toutes mes actions ne doivent pas m'en raporter; mais *d'Alembert* eſt ſi doux, quand il eſt aſſis près de moi, qu'il n'ouvre jamais la bouche que pour me dire les choſes les plus agréables. *Voltaire* n'étoit pas de ce caractere, auſſi l'ai-je chaſſé. Je m'en ſuis fait un mérite au près de *Maupertius :* mais dans le fond je le craignois, parceque je n'étois pas ſur de pouvoir toujours lui faire le même bien, & que je ſavois parfaitement bien qu'un écu de moins m'auroit attiré deux cent coups de patte. D'ailleurs tout bien conſidèré, & après avoir pris l'avis de mon Académie, il fut décidé que deux beaux Eſprits ne peuvent jamais reſpirer le même air. J'oubliois de vous dire, qu'au milieu de mes plus grands malheurs, j'ai eu ſoin de faire païer aux beaux-Eſprits leurs penſions. Ces Philoſophes font de la guerre, la folie la plus affreuſe, auſſitot qu'elle touche à leur bourſe.

Dans les petits détails.

Voulez vous apprendre à contenir le monde à peu de fraix? voici le ſecret. Qu'il ſoit permis à tous vos Sujets de vous écrire directement & de vous parler; & lorsqu'on le fera, vous repondrez, ou écouterez: mais voici le ſtyle dont il faut que vous faſſiés uſage: „ *Si ce que vous me* „ *marquez eſt vrai, je vous rendrai juſtice; mais*

„ *comptez*

„ *comptez auſſi ſur le zèle, que j'ai toujours eu à* „ *punir la calomnie & le menſonge. Je ſuis votre* „ *Roi* FREDERIC". Si l'on vient pour ſe plaindre, écoutez avec attention, ou d'un air qui en impoſe: Que votre reponſe ſoit ſurtout ferme & laconique. Deux Lettres dans ce gout, & deux reponſes faites ainſi, vous éviteront l'ennui des plaintes, & vous donneront dans vos Etats, encore plus dans les Cours étrangeres, un air de ſimplicité & de détail, qui fait la fortune des Rois Je ſai, mon cher Neveu, que pour deux pareilles Lettres, envoïées dans tous les pays, que les *François* m'ont pris en 1757. j'ai paſſé chez eux pour le Roi le plus populaire & le plus équitable.

Dans l'habillement.

Si mon grand Père avoit vécu 20 ans de plus, nous étions perdu, parceque le jour de ſa naisſance auroit mangé le Royaume. Je ne porte jamais que mon habit uniforme. Le militaire croit que c'eſt par le cas que je fais de ſon état. Je le laiſſe dans cette idée, mais dans le fait, c'eſt pour prêcher l'exemple. Mon Père à très bien imaginé l'habit bleu pour les galas. Quand on n'eſt pas riche, il faut éviter même le demi-galon.

Dans les plaiſirs.

L'amour eſt un Dieu qui ne pardonne à perſonne. Quand on réſiſte aux traits qu'il lance de bonne guerre, il ſe retourne; ainſi croïez moi, n'aïez pas la vanité de lui faire tête, il vous attraperoit toujours. Quoique je n'aïe pas à me plaindre du tour qu'il ma joué; je vous conſeille de ne pas ſuivre mon exemple. Cela pourroit par la ſuite, tirer à de grandes conſéquences; car peu-à-peu tous vos Gouverneurs & tous vos officiers

ciers reculeroient plus pour leurs plaisirs que pour votre gloire ; & finalement seroient comme le Régiment de votre Oncle *Henry*. J'aurois aimé la chasse, mais le compte du Grand Veneur de votre bisayeul m'en corrigea. Mon Père m'a dit cent fois, qu'il n'y avoit que deux Rois en *Europe* qui soient assez riches pour forcer les Cerfs, parce qu'il est indécent de chasser en gentil-homme, lorsque l'on a une Couronne sur la tête. La Nature m'a donné des penchans assez doux. J'aime la bonne chere, le vin, le Caffé, & les liqueurs; cependant mes Sujets croïent que je suis le Prince du *Nord* le plus sobre. Quand je mange en public, mon Cuisinier *Allemand* fait le diner, je bois de la bierre, & deux ou trois verres de vin. Quand je suis dans mes petits appartemens, mon Cuisinier *François* fait tout ce qu'il peut pour me contenter ; & j'avoue que je suis un peu difficile. Je suis près de mon lit, c'est ce qui me rassure sur tout ce que je bois. Les Philosophes ont beau dire; les sens méritent bien qu'on leur donne deux heures par jour : car dans le fait, que seroit notre existence sans eux. Je joue avec plaisir, mais je n'ai jamais pu m'accoutumer à perdre. D'ailleurs le jeu est le miroir de l'ame, & je n'aime pas qu'on lise dans la mienne. Ainsi, mon cher Neveu, examinés vous bien, & si vous n'avez pas un penchant décidé pour le gain, vous pouvez jouer. J'aime beaucoup le Spectacle & surtout la musique, mais je trouve qu'un Opèra est bien cher : & le plaisir que je trouve à entendre une belle voix, ou un bon violon, seroit bien plus vif, s'il ne m'en coutoit pas tant d'argent. Comme personne ne se fait illusion sur cette dépense, j'ai fait tous mes éffors pour persuader qu'elle étoit utile & nécessaire ; mais les vieux Généraux n'ont jamais voulu con-

concevoir, qu'une Chanteuſe ou un Virtuoſe devoient avoir les mêmes apointemens qu'eux.

Je vais faire connoître ici, mon cher Neveu, l'homme à mes dépens. Croyez qu'il eſt toujours livré à ſes paſſions; que l'amour propre fait ſa gloire; & que toutes ſes vertus ne ſont appuïées que ſur ſes intérêts & ſon ambition! Voulez vous paſſer pour Héros? aprochez hardiment du crime! Voulez vous paſſer pour ſage? Contrefaites vous avec art!

CINQUIÈME SOIRÉE.

La Politique de l'Etat.

La Politique de l'Etat ſe réduit à trois principes: Le premier, à ſe conſerver, & ſuivant les circonſtances, à s'agrandir. Le ſecond; à ne s'allier que pour ſon avantage. Le troiſième, à ſe faire craindre & reſpecter, même dans les tems les plus facheux.

Du Première Principe.

En montant ſur le Trône, je viſitai les Coffres de mon Père. Sa grande œconomie m'a mis dans le cas d'executer de grands projets. Quelques tems après je fis la revue de mes troupes. Je les trouvai ſuperbes. Après cette revue, je retournai à mes Coffres & j'en trouvai dequoi doubler mon Militaire. Comme je venois de doubler ma puiſſance, il étoit tout naturel, que je ne me bornaſſe pas à conſerver ce que j'avois; ainſi je fus bientot décidé à profiter de la première occaſion qui ſe préſenteroit. En attendant j'exercai bien mes troupes & je fis tous mes efforts pour que toute *l'Europe* eut les yeux ſur mes manœuvres. Je les renouvellai chaque année, afin

afin de paroitre plus ſavant : & finalement je parvins à mon but. Je tournai la tête à toutes les Puiſſances. Tout le monde ſe crut perdu, ſi on ne ſavoit pas remuer le pied, le bras, la tête, à la *pruſſienne*; & tous mes Officiers & mes Soldats ſe crurent valoir deux fois plus quand ils virent qu'on les imitoit partout.

Lorſque mes troupes eurent acquis ainſi un avantage ſur toutes les autres, je ne fus plus occupé qu'à examiner les prétenſions que je pouvois former ſur les différentes Provinces ? Quatre points principaux s'offroient à mes yeux: La *Sileſie*. La *Pruſſe Polonoiſe*. La *Gueldre Hollandoiſe*, & la *Pomeranie Suedoiſe*. Je me fixai à la *Sileſie* parceque cet objet méritoit plus que tous les autres mon attention & que les circonſtances m'étoient plus favorables. Je laiſſai au tems le ſoin d'executer mes projets ſur les autres points. Je ne vous demontrerai point la validité de mes prétenſions ſur cette Province. Je les ai faites établir par mes Orateurs. La Reine les a fait combattre par les ſiens; & nous avons fini le combat à coups de ſabres & de fuſils : Mais pour revenir aux circonſtances, voici comme elles ſe préſenterent. La *France* vouloit ôter l'Empire à la Maiſon *d'Autriche*, je ne demandois pas mieux. La France vouloit faire en *Italie* un Etat à *l'Infant*, j'en étois charmé, parce qu'on ne pouvoit le faire qu'aux depens de la Reine. La *France* enfin conçut le noble projet d'aller aux portes de *Vienne*. C'eſt où je l'attendois pour m'emparer de la *Sileſie*. Ayez donc, mon cher Neveu, de l'argent. Donnés un air de Supériorité à vos troupes. Attendez les circonſtances : & vous ſerez aſſuré, non pas de conſerver vos Etats, mais de les agrandir.

Il y a de mauvais politiques qui prétendent, qu'un Etat qui eſt arrivé à un certain point, ne doit

doit plus penser à s'agrandir, parceque le Systême de l'équilibre à presque fixé à chaque puissance son coin. Je conviens que l'ambition de Louis XIV. faillit couter cher à la *France:* & je sai toute l'inquiètude que la mienne m'a donné; mais aussi je sai que la *France* dans ses plus grands malheurs, donna une Couronne, & conserva les Provinces qu'elle avoit conquises. Et vous venez de voir qu'au milieu de la tempête furieuse qui me menaçoit je n'ai rien perdu; ainsi tout depend de la constance & du courage de celui qui *prend.* Vous ne sauriez croire en outre, mon cher Neveu, combien il est important à un Roi, de s'écarter souvent des routes ordinaires, & ce n'est que par le merveilleux qu'on en impose, & qu'on se fait un nom.

L'équilibre est un mot, qui a subjugué le monde entier, parce que l'on croïoit qu'il assuroit une possession constante; mais dans le vrai ce n'est qu'un mot. Car *l'Europe* est une Famille, où il y a trop de mauvais freres & de mauvais parens. Je dis plus, mon cher Neveu, c'est en méprisant ce Systême que l'on va au grand. Voyez les *Anglois.* Ils ont enchainé la Mer: ce fier élément n'ose plus porter de Vaisseaux qu'avec leur permission.

Il resulte de tout ceci, qu'il faut toujours tenter, & être bien persuadé que tout nous convient; mais il faut seulement prendre garde, de ne pas afficher avec trop de vanité ses prétensions. Et sur-tout nourrissez deux ou trois hommes éloquens à vôtre Cour & laissez leur le soin de vous justifier.

Second Principe.

S'allier pour son avantage est une maxime d'Etat: & il n'y a pas de puissance qui soit autorisée torifée à la négliger; delà fuit cette conféquence, qu'il faut rompre fon alliance lorsqu'elle eft préjudiciable. Dans ma premiere guerre avec la Reine, j'abandonnai les *François* parce que je gagnois au marché la *Siléfie :* Quand je les aurois conduit jufqu'à *Paris*, ils ne m'en auroient jamais donné autant. Quelques années après je renouai avec eux, parce que j'avois envie de tenter la conquête de la *Bohême*, & que je voulois me menager cette Puiffance pour le befoin. J'ai négligé depuis cette nation, pour m'approcher de celle qui m'offroit le plus.

Quand la Pruffe, mon cher Neveu, aura fait fa Fortune, elle pourra fe donner un air de bonne foi & de conftance, qui ne convient tout au plus qu'aux grands Etats & aux petits Souverains.

Je vous ai dit, mon cher Neveu, que qui dit Politique, dit prefque Coquinerie: & cela eft vrai. Cependant vous trouverez fur cela des gens de bonne foi, qui fe font fait un certain Syftême de probité. Ainfi, vous pouvez tout hazarder avec vos Ambaffadeurs. J'en ai trouvé, qui m'ont fervi fur les deux toits & qui pour découvrir un myftère, auroient fouillé dans la poche d'un Roi. Attachés vous fur-tout à ceux qui ont le talent de s'exprimer en termes vaques, en phrafes louches, ou renverfées. Vous ne ferez même pas mal d'avoir des Serruriers & des Médecins politiques. Ils pourront quelquefois vous être d'une grande utilité. Je connois par expérience tous les avantages qu'on en peut tirer.

Troifième Principe.

Se faire craindre & refpecter de fes voifins, c'eft le comble de la grande politique; on peut parvenir à fon but par deux moïens. Le premier eft d'avoir une force réelle, des refources véritables.

tables. Le ſecond eſt de ſavoir bien emploïer ce que l'on a. Nous ne ſommes pas dans le premier cas. C'eſt la raiſon pourquoi je n'ai rien négligé pour être dans le ſecond.

Il y a des Puiſſances qui s'imaginent, qu'une Ambaſſade doit toujours ſe faire avec un grand éclat. Monſieur de *Richelieu* à *Vienne* ne ſervit qu'à donner des traverſes aux *François*, parce que les *Autrichiens* crurent toute la Nation auſſi muſquée que celui qui la repréſentoit. Pour moi je ſoutiens, que c'eſt plus dans la façon noble, dont l'Ambaſſadeur fait parler ſon maître, que dans l'étalage de quelques équipages, qu'on trouve la véritable conſidération. C'eſt pour cela que je ne veux plus avoir des Ambaſſadeurs, mais bien des Envoyés. D'ailleurs le premier poſte eſt très difficile à remplir, parce qu'il faut un homme d'une très grande condition, très riche & qui entende parfaitement la politique; au lieu que pour celui d'Envoyé le dernier avantage ſuffit. En adoptant ce ſyſtême, vous épargnerez chaque année des ſommes conſidérables, & vous n'en ferez pas moins vos affaires. Il y a cependant des occaſions, mon cher Neveu, où il faut repréſenter avec magnificence, comme lorſqu'il eſt queſtion de faire une alliance, ou de s'unir par le ſang; mais ces Ambaſſades doivent être regardées comme extraordinaires.

Pour en impoſer à vos voiſins, jettez dans vos actions le plus d'éclat que vous pourrez. Et ſur-tout que perſonne n'écrive dans votre Royaume que pour louer ce que vous ferez.

Ne demandez jamais foiblement. Paroiſſez plutot exiger. Si l'on vous manque, reſervez votre vengeance juſqu'au moment, ou vous pourrez avoir une ſatisfaction des plus complettes: & ſurtout ne craignez pas la repréſaille, votre perſonſonne n'en ſouffrira pas. Tant pis pour vos Sujets ſur qui cela tombera. Mais voici le vrai point, il faut que vos voiſins ſoient perſuadés que vous ne doutez de rien; & que rien ne peut vous étonner. Tachez ſur-tout de paſſer dans leur eſprit pour une tête dangereuſe, qui ne connoit d'autre principe que celui qui conduit à la gloire. Faites auſſi en ſorte qu'ils ſoïent bien convaincus, que vous aimeriez mieux perdre deux Royaumes, que de ne pas jouer un rôlle dans la poſtérité. Comme ces ſentimens demandent des ames peu communes, ils frappent, ils étourdiſſent la plus part des hommes, & c'eſt ce qui conſtitue le vrai Monarque.

Quand un étranger viendra à votre Cour, comblez le d'honnêtetés: & ſurtout tachez de l'avoir toujours auprès de vous; c'eſt le moyen ſur de cacher le vice de votre Gouvernement. Si c'eſt un Militaire faites manœuvrer devant lui le Régiment des Gardes, & que ce ſoit vous qui le commandiez. Si c'eſt un bel eſprit, qui ait composé un Ouvrage, qu'il l'aperçoive ſur votre table. Si c'eſt un Commerçant écoutez le avec bonté, careſſez le, & tachez de le fixer chez vous.

F I N.

www.ingramcontent.com/pod-product-compliance
Ingram Content Group UK Ltd.
Pitfield, Milton Keynes, MK11 3LW, UK
UKHW020227180726
13838UKWH00005B/2244